Tucholsky Wagner Zola Scott Sydow Freud Schlegel
Turgenev Wallace Fonatne Friedrich II. von Preußen
Twain Walther von der Vogelweide Fouqué
Weber Freiligrath Frey
Kant Ernst
Fechner Weiße Rose von Fallersleben Richthofen Frommel
Fichte Hölderlin
Engels Fielding Eichendorff Tacitus Dumas
Fehrs Faber Flaubert Eliasberg Ebner Eschenbach
Maximilian I. von Habsburg Fock Zweig
Feuerbach Ewald Eliot Vergil
Goethe Elisabeth von Österreich London
Mendelssohn Balzac Shakespeare Dostojewski Ganghofer
Lichtenberg Rathenau Doyle Gjellerup
Trackl Stevenson Hambruch
Mommsen Tolstoi Lenz Droste-Hülshoff
Thoma Hanrieder
Dach von Arnim Hägele Hauff Humboldt
Verne Hagen Hauptmann Gautier
Reuter Rousseau
Karrillon Garschin Baudelaire
Defoe Hebbel
Damaschke Descartes Hegel Kussmaul Herder
Wolfram von Eschenbach Dickens Schopenhauer Rilke George
Darwin Melville Grimm Jerome
Bronner Bebel Proust
Campe Horváth Aristoteles Federer Herodot
Bismarck Vigny Barlach Voltaire
Gengenbach Heine
Storm Casanova Tersteegen Grillparzer Georgy
Chamberlain Lessing Langbein Gilm Gryphius
Brentano Lafontaine
Strachwitz Claudius Schiller Kralik Iffland Sokrates
Katharina II. von Rußland Bellamy Schilling
Gerstäcker Raabe Gibbon Tschechow
Löns Hesse Hoffmann Gogol Wilde Vulpius
Luther Heym Hofmannsthal Gleim
Roth Klee Hölty Morgenstern Goedicke
Luxemburg Heyse Klopstock Kleist
Puschkin Homer Mörike
Machiavelli La Roche Horaz Musil
Navarra Aurel Musset Kierkegaard Kraft Kraus
Nestroy Marie de France Lamprecht Kind Kirchhoff Hugo Moltke
Nietzsche Nansen Laotse Ipsen Liebknecht
Marx Ringelnatz
von Ossietzky Lassalle Gorki Klett Leibniz
May vom Stein Lawrence Irving
Petalozzi Knigge
Platon Michelangelo Kafka
Sachs Pückler Kock
Poe Liebermann Korolenko
de Sade Praetorius Mistral Zetkin

La maison d'édition tredition, basée à Hambourg, a publié dans la série **TREDITION CLASSICS** des ouvrages anciens de plus de deux millénaires. Ils étaient pour la plupart épuisés ou uniquement disponible chez les bouquinistes.

La série est destinée à préserver la littérature et à promouvoir la culture. Elle contribue ainsi au fait que plusieurs milliers d'œuvres ne tombent plus dans l'oubli.

La figure symbolique de la série **TREDITION CLASSICS**, est Johannes Gutenberg (1400 - 1468), imprimeur et inventeur de caractères métalliques mobiles et de la presse d'impression.

Avec sa série **TREDITION CLASSICS**, tredition à comme but de mettre à disposition des milliers de classiques de la littérature mondiale dans différentes langues et de les diffuser dans le monde entier. Toutes les œuvres de cette série sont chacune disponibles en format de poche et en édition relié. Pour plus d'informations sur cette série unique de livres et sur l'éditeur tredition, visitez notre site: www.tredition.com

tredition a été créé en 2006 par Sandra Latusseck et Soenke Schulz. Basé à Hambourg, en Allemagne, tredition offre des solutions d'édition aux auteurs ainsi qu'aux maisons d'édition, en combinant à la fois édition et distribution du contenu du livre en imprimé et numérique et ce dans le monde entier. tredition est idéalement positionnée pour permettre aux auteurs et maisons d'édition de créer des livres dans leurs propres domaines et sujets sans prendre de risques de fabrication conventionnelles.

Pour plus d'informations nous vous invitons à visiter notre site: www.tredition.com

Essai sur l'éducation des aveugles

Valentin Haüy

Mentions légales

ESSAI

SUR L'ÉDUCATION
DES AVEUGLES,

OU

Exposé de différens moyens, vérifiés par l'expérience, pour les mettre en état de lire, à l'aide du tact, d'imprimer des Livres dans lesquels ils puissent prendre des connoissances de Langues, d'Histoire, de Géographie, de Musique, &c., d'exécuter différens travaux relatifs aux Métiers, &c.,

DÉDIÉ AU ROI,

Par M. Haüy, Interprète de SA MAJESTÉ, de l'Amirauté de France, & de l'Hôtel-de-Ville de Paris; Membre & Professeur du Bureau Académique d'Ecriture, pour la lecture & vérification des Ecritures anciennes & Etrangères.

A PARIS;

Imprimé par les Enfans-Aveugles, sous la direction de M. Clousier, Imprimeur
du ROI; & se vend, *à leur seul bénéfice,* en leur Maison d'Education, rue
Notre-Dame-des-Victoires.

M. DCC. LXXXVI.

Sous le Privilège de l'Académie des Sciences.

AU ROI.

Sire,

La protection dont VOTRE MAJESTÉ honore les talens, lui assure un droit à leur hommage. Mais lorsque leurs productions tendent au soulagement de l'humanité souffrante, elles ont un titre plus puissant encore, pour attirer les regards de Louis le Bienfaisant. C'est au milieu des sentimens qu'inspire ce nom si doux, gravé dans tous les cœurs François, que j'ai conçu le desir d'offrir à VOTRE MAJESTÉ, ce fruit de mes veilles; s'il a quelque prix, il en sera redevable au double avantage, & de paroître sous des auspices aussi augustes, & de servir comme de canal aux bontés que de jeunes infortunés, privés du bienfait de la lumière, osent attendre de leur Souverain.

Je suis, avec le plus profond respect,

SIRE,

DE VOTRE MAJESTÉ,

Le très-humble, très-obéissant, & très-fidèle Sujet & Serviteur,

HAÜY.

AVANT-PROPOS.

Parmi les infortunés qui ont été privés, soit dès l'instant de leur naissance, soit dans la suite, par quelqu'accident, de l'organe qui contribue le plus à nous faire jouir des avantages & des agrémens de la Société, il s'en est trouvé dont les efforts courageux ont réussi à adoucir, par quelqu'occupation, cette position affligeante. Les uns, pleins de pénétration ont enrichi leur mémoire des productions de l'Esprit humain, & ont puisé dans les charmes d'une conversation ou d'une lecture à la quelle ils assistoient, des connoissances qu'il leur étoit impossible de recueillir eux-mêmes, dans les dépôts précieux où elles étoient renfermées. Les autres, doués d'une dextérité capable de faire honneur à un artiste muni de ses yeux, ont exécuté des travaux mécaniques, où l'on retrouvoit, & l'exactitude & le fini d'une main dirigée par la lumière. Mais malgré d'aussi heureuses dispositions dans les aveugles, ces espèces de prodiges n'étoient, de leur part, que le fruit d'une application opiniâtre, & ne sembloient réservés qu'à un petit nombre d'êtres privilégiés parmi eux; tandis que le reste de leurs frères, livrés à une oisiveté dont ils croyoient ne pouvoir jamais sortir, mouroient à la Société, au moment même où ils recevoient leur existence au milieu d'elle; & la plûpart, victimes tout à la fois de la privation de la vue & de celle de la fortune, n'avoient en partage que la pénible & triste ressource de mendier, afin de prolonger, pour ainsi dire dans l'obscurité d'un cachot, leur existence malheureuse. C'est pour servir cette Classe d'infortunés, que j'ai imaginé un *Plan Général d'Institution*, qui, à l'aide de principes & d'ustencilles à leur usage, pût rendre *facile* aux uns, ce qu'ils n'exécutoient *qu'avec peine*, & *possible* aux autres, ce qu'ils paroissoient *ne pouvoir* exécuter.

J'ai senti que l'entreprise étoit difficile; qu'elle excédoit les forces d'un seul homme; & j'ai cherché de l'appui. Des Personnes Bienfaisantes se sont empressées de toutes parts de concourir à cette bonne œuvre. Elles ont posé les premiers fondemens d'un Édifice, dont la construction fait l'éloge de leurs cœurs & honore le Siècle où elles vivent. Chacune d'elles semble même m'avoir disputé à l'envi la douce satisfaction de perfectionner & d'achever ce monument; & je l'avoue avec plaisir; s'il étoit permis à quelqu'un de se faire honneur d'une pareille entreprise; c'est à *Elles*, plus qu'à qui que ce soit qu'en appartient la gloire. J'abandonnerai donc dans le cours de cet ouvrage, toute expression qui annonceroit de ma part des prétentions à une propriété particulière; & je n'y parlerai qu'au nom de ces zélés Coopérateurs, qui, soit par leurs lumières, soit par leurs secours, se sont assuré un droit inaliénable à ma reconnoissance.

AVERTISSEMENT.

Le Frontispice de cet ouvrage, l'Épitre Dédicatoire, l'Avant-Propos, le présent Avertissement, les Notes, le Rapport de l'Académie des Sciences, Celui de M^{rs}. les Imprimeurs, les Modèles d'Impression & la Table des Matières, ont été imprimés par les Enfans-Aveugles, avec le Caractère Typographique ordinaire. Ils se sont servi pour le reste, du Caractère imaginé pour leur propre usage, & qui est celui dont ils lisent l'impression, lorsque le foulage n'en est pas détruit.

ESSAI

SUR L'EDUCATION

des Enfans-Aveugles.

CHAPITRE I.

But de cette Institution.

AVANT de rendre comp-
te des motifs de notre Ins-

ESSAI

SUR L'EDUCATION
des Enfans-Aveugles.

CHAPITRE I.

But de cette Institution.

Avant de rendre compte des motifs de notre Institution, -2- qu'il nous soit permis de dire un mot sur les dispositions dans lesquelles nous sommes, non seulement de répondre à toutes les objections que l'on pourroit nous faire, mais encore d'entrer dans tous les détails que l'on a droit d'exiger de nous.

Quoi qu'il n'y ait presque point d'invention qui n'ait excité les clameurs de l'Envie -3- & de l'Ignorance; nous osons nous flatter que notre Institution n'a rien à redouter de leurs traits. Sa nature, les lumières du Siècle où nous vivons, le bon naturel de nos concitoyens, tout nous assure que nous n'aurons à éclaircir, dans la suite de cet ouvrage, que des difficultés proposées par une critique sage & assez bien intentionnée -4- pour seconder nos efforts, au lieu de chercher à nous décourager.

C'est dans cette espérance que nous ne négligerons de répondre à aucune des objections qui nous paroîtront tomber ou sur les moyens ou sur les motifs de l'Institution des Aveugles, Nous ferons plus; nous écarterons de l'imagination de nos Lecteurs tout ce qui -5- pourroit en imposer aux personnes qui n'ont pas assisté à nos exercices, & à qui de trop zélés partisans de notre Institution auroient présenté du merveilleux, où il n'existe que des faits très naturels. En offrant ainsi un tableau fidèle de notre méthode considerée sous son véritable point de vue, notre intention est de ne laisser de cet Etablissement -6- dans l'esprit du Public, que la véritable idée qu'il doit en avoir.

Enseigner aux Aveugles la lecture, à l'aide de livres dont les caractères sont en relief; & au moyen de cette lecture, leur apprendre l'imprimerie, l'Ecriture, le Calcul-Arithmétique, les Langues, l'Histoire, la Géographie, les Mathématiques, la Musique -7- &c.

Mettre entre les mains de ces infortunés diverses occupations relatives aux Arts & aux Métiers, tels que le Filet, le Tricot, la Brochure des livres, les ouvrages au Boisseau, au Rouet & à la Trame, &c.

P^mo. Pour occuper agréablement ceux d'entr'eux qui vivent dans un état aisé;

S^do. Pour arracher à la -8- mendicité ceux qui ne sont point avantagés des faveurs de la Fortune, en leur donnant des moyens de subsistance; & rendre enfin à la Société leurs bras ainsi que ceux de leurs conducteurs.

Tel est le but de notre Institution.

-9-

Chapitre II.

Réponse à l'Objection contre l'utilité générale de cette Institution.

On nous a rendu unanimement la justice de convenir, que nous avions rempli le premier objet de notre Institution, en offrant un amusement aux Aveugles fortunés: & -10- s'il s'est élevé quelque doute, ce n'a été que sur la possibilité de réaliser les espérances que nous avions données de mêler dans notre Etablissement l'utile à l'agréable.

»En enseignant à vos Aveugles, nous dit-on, toutes les parties de l'Education que vous proposez, auriez-vous conçu le projet de peupler la -11- République des Lettres & des Arts, de Savans, de Professeurs, d'Artistes, capables quoiqu'Aveugles, d'y jouer un rôle distingué, ou même de trouver à coup sûr des moyens de subsistance dans leurs propres travaux?«

Non. Nous ne prétendons pas mettre jamais le plus habile de nos Aveugles -12- en concurrence dans aucun genre, même avec le plus médiocre des Savans ou des Artistes clairvoyans; mais lorsqu'au défaut de ceux-ci, ceux-là pourront remplir quelqu'objet d'utilité, nous osons les recommander à la Bienveillance Publique; & si ce n'est ni le goût des talens, ni la nécessité de les employer qui -13- ouvre des ressources à nos Aveugles, peut-être sera-ce l'amour de l'Humanité. Combien de fois déja n'avons-nous pas vu la Bienfaisance prescrire ingénieusement des travaux à ces infortunés, pour avoir occasion de leur offrir des secours sans blesser leur amour-propre!

Voilà ce que nous avons à répondre d'abord sur l'utilité -14- générale de notre Institution, en attendant que nos Lecteurs puissent se convaincre par les détails de cet ouvrage, & mieux encore, par l'expérience, jusqu'à quel point notre Education pourra concourir un jour à la subsistance des Aveugles, nés au sein de l'indigence.

-15-

CHAPITRE III.

De la Lecture à l'usage des Aveugles.

La Lecture est le vrai moyen d'orner la mémoire d'une manière facile, prompte & méthodique. Elle est comme le Canal par lequel nous parviennent nos différentes connoissances. Sans elle les -16- productions littéraires ne formeroient dans l'esprit humain qu'un amas désordonné de notions vagues. Enseigner à lire aux Aveugles; composer une bibliothéque à leur usage, devoient donc faire l'objet de nos premiers soins. Avant nous l'on avoit fait à ce sujet diverses tentatives infructueuses. Tantôt à l'aide de caractères -17- en relief & mobiles sur une planche;*1 tantôt en employant des lettres formées sur une Carte par des piquures d'épingle,2 on étoit parvenu à mettre à la portée des Aveugles les principes de la Lecture. Déja se réalisoient pour eux les merveilles de l'Art d'Ecrire. Déja sous -18- leur tact, devenu en quelque sorte une espece de vision, les pensées prenoient un corps. Mais ces ustensiles grossiers ne présentoient à l'Aveugle que la possibilité de le faire jouir des charmes de la lecture, sans lui en donner les moyens. Nous n'eûmes pas de peine à les trouver; le principe en existoit depuis long-tems, & journellement -19- il se reproduisoit sous nos yeux.

[*] Voyez les notes à la fin de l'ouvrage.

Nous observâmes qu'une feuille d'impression sortant de la presse, présentoit au revers toutes les lettres en relief, mais dans un ordre contraire à celui de la lecture. Nous fîmes fondre des caractères Typographiques dans le sens où leur empreinte frappe nos yeux; &

à l'aide -20- d'un papier trempé à la manière des Imprimeurs, nous parvînmes à tirer le premier exemplaire qui eût paru jusqu'alors, avec des lettres dont le relief pût être distingué par le tact au défaut de la vue. Telle fut l'origine de la Bibliotheque à l'usage des Aveugles.

Après avoir employé successivement des caractères -21- de différentes grosseurs suivant la capacité du tact de nos Eleves, nous avons cru devoir nous borner, du moins dans les premiers tems de notre éducation, à celui qui nous a servi à imprimer le corps de cet ouvrage. Ce Caractère nous a paru tenir le milieu entre ceux que les différens individus qui sont privés de la lumière, -22- peuvent palper, chacun suivant le dégré de finesse que la nature lui donne, ou bien que l'âge ou le travail lui laissent dans le toucher.

On conçoit aisément que ces moyens une fois trouvés, il n'est pas plus difficile d'apprendre les principes de la lecture à un Aveugle qu'à un clairvoyant.

-23- De la Lecture de l'Imprimé à celle du Manuscrit, il n'y a pour l'aveugle qu'un pas à faire. Nous ne parlons pas ici du manuscrit à la manière des clairvoyans: nous avons jusqu'à ce jour vainement tenté l'usage des encres en relief; & nous les avons suppléées par des traits produits sur un papier fort à l'aide d'une -24- plume de fer, dont le bec n'est pas fendu. Il est inutile de prévenir que lorsqu'on écrit à un Aveugle, on ne se sert point d'encre; que le caractère est appuyé, séparé & un peu gros, à peu-près dans le genre de celui qui est maintenant entre les mains de notre Lecteur; qu'enfin l'on n'écrit que sur le recto ou le verso d'une page. Toutes -25- ces précautions étant observées, les aveugles liront passablement l'écriture cursive des clairvoyans, la leur même & celle de leurs semblables.3 Ils feront plus; ils distingueront également sur le papier les caractères de musique & autres, rendus sensibles par nos procédés, comme nous le démontrerons dans la suite.

-26-

CHAPITRE IV.

Réponse à diverses objections contre la Lecture à l'usage des Aveugles.

»1º. Les reliefs de votre Caractère s'effacent sans doute facilement, (nous dit-on) et bientôt ils n'affecteront plus le tact des Aveugles.«

Personne n'ignore la -27- délicatesse de ce sens chez des individus qui, depuis l'enfance, s'en servent pour remplacer celui que la Nature leur a refusé. La surface, en apparence la plus égale à nos yeux, présente à leurs doigts, des inégalités qui semblent échapper à cet organe, avec lequel cependant l'homme qui voit clair atteint fièrement -28- l'astre le plus reculé dans l'immensité des Cieux. Et lorsque nos Elèves distinguent au toucher un caractère typographique dont l'œil est émoussé; lorsqu'ils sentent la différence d'un quart de ligne entre deux épaisseurs données; lorsqu'enfin ils lisent encore une suite de mots après qu'on en a affaissé les reliefs, qu'avons -29- nous à craindre du fréquent usage qu'ils feront de leurs livres, si ce n'est cette destruction entière des Volumes, de laquelle ceux des clairvoyans même ne sont pas exemts?

»2º. Vos livres (ajoute-t-on) sont trop volumineux. Vous enflez un léger in-douze, & vous en faites croître la forme commode & portative, -30- jusqu'à la masse énorme & gênante de l'in-folio.«

Nous pourrions nous contenter de répondre à cette objection, que notre imprimerie n'est encore qu'au berceau; qu'elle se perfectionnera peut-être un jour comme celle des clairvoyans; qu'elle aura sans doute aussi ses Helzevirs, ses Barbou, ses -31- Pierres, ses Didot &c. Eh! depuis sa naissance, combien n'a-t-elle pas déja d'obligations à M. Clousier, Imprimeur du Roi, qui nous aide de ses conseils avec autant de zèle que de désintéressement?

Nous ajoutons, qu'en attendant ce dégré de perfection, nous nous occupons maintenant d'une méthode -32- d'abréviations qui diminuera de beaucoup la grosseur de nos Volumes. Nous espérons en donner les premiers essais, dans l'ouvrage que nous ferons imprimer immédiatement après celui-ci, à l'usage des Aveugles.4

D'ailleurs nous ferons un choix; nous ne confierons à notre presse que les œuvres dont la réputation -33- sera méritée: en amplifiant d'un côté, par la dimension de nos caractères, nous abrégerons de l'autre par le discernement; & peut-être un jour la bibliothèque de l'aveugle sera celle de l'homme de goût.

»3º. Mais avouez donc que vos Aveugles lisent lentement, & que le discours le plus animé -34- semble venir expirer sur leurs lèvres, sans vie & sans mouvement.«

Nos Elèves, il est vrai, lisent avec lenteur. Outre le trop peu d'usage que la nouveauté de notre Institution leur a permis d'acquérir dans la lecture, ils ont encore le désavantage de ne voir en lisant (si nous pouvons nous exprimer ainsi) qu'une seule -35- lettre à la fois; comme feroit notre Lecteur lui même, en ne lisant qu'à travers une ouverture, de la grandeur d'un des caractères de cet ouvrage. Mais nous espérons qu'après un fréquent usage de la lecture, & en se servant des abréviations dont nous avons parlé ci-dessus, nos aveugles liront avec plus de célérité. -36- D'ailleurs nous n'avons jamais eu l'ambition d'en faire des Lecteurs pour placer auprès des Princes, ou dans les Chaires d'Eloquence. Qu'ils prennent seulement par le moyen de la lecture les Eléments des Sciences; qu'ils y trouvent un remède contre l'ennui: nos vœux seront comblés.

»4º. Mais à quoi bon -37- enseigner les lettres aux aveugles? pourquoi imprimer des livres à leur usage? ils ne liront jamais les nôtres. Et de la connoissance qu'ils auront des principes de la lecture, résultera-t-il quelques avantages pour la Société?«

A notre tour permettez-nous de vous interroger. Que sert-il que l'on imprime -38- des livres chez tous les peuples qui vous environnent? Lisez-vous le Chinois, le Malabar, le Turc, les Quipos du Péruvien, & tant d'autres langages si nécessaires à ceux qui les entendent? Eh bien! vous ne seriez qu'un aveugle à la Chine, sur les rives du Gange, dans l'Empire Ottoman, au Pérou.

Quant à l'utilité dont il -39- peut être pour la Société qu'un aveugle sache lire, sans nous écarter du sentiment que nous avons annoncé vers la fin de la page 11 de cet ouvrage, nous en appellons avec plaisir à l'expérience que nous avons vu se réitérer plusieurs fois sous nos yeux, & dont le Public lui-même a été témoin dans nos exercices; c'est celle d'un -40- enfant Aveugle enseignant à lire à un enfant clairvoyant;5 nous en appellons à l'exemple de l'aveugle du Puyseaux.6 Nous en appellons à vous enfin tendres & respectables époux! nés dans le sein d'une fortune honnête; vous dont le fils vient de naître, & cependant ne verra jamais le jour; quelle douce satisfaction pour -41- nous de pouvoir modérer les transports de votre douleur. Oui, notre plan d'Institution va, d'un côté, rendre à ce fils, déja tendrement aimé, la moitié de son existence; de l'autre, vous fournir les moyens de satisfaire le desir que votre goût pour les Sciences & les talens vous inspire, de lui procurer une éducation digne -42- d'un enfant bien-né. Et vous, Savans, qui nous éclairez de vos lumières! Si les suites d'un travail opiniâtre éteignent un jour cette vue que vous avez fatiguée pour notre instruction, permettez-nous alors de vous offrir une ressource faite pour prolonger tout à la fois, à nous, le bienfait de vos leçons; à vous, la jouissance -43- d'un avantage dont elles sont en partie le fruit agréable. Homere, Bélizaire, Milton, affligés de la cécité, eussent été charmés de consacrer encore au service de la Patrie les années de leur vie qui suivirent la perte de leur vue.

-44-

CHAPITRE V.

De l'Imprimerie des Aveugles, à leur propre usage.

L'analogie qu'a la manière de lire des aveugles avec leur impression, nous ayant forcés de donner par anticipation, dans le Chapitre 3, quelques détails relatifs à la naissance de -45- leur Imprimerie, il nous reste à développer dans celui-ci les principales parties de cet Art, soumises à leur usage.

Il en sera chez les Aveugles, à l'égard de l'exercice de l'Imprimerie, comme chez les Clairvoyans. Chaque individu ne pourra, sans doute, en avoir une possession privée.7 La nécessité des -46- connoissances relatives à cet Art; la multiplicité & la cherté de ses ustensiles; la Sanction requise pour en faire profession; tout restreindra l'usage de la Presse à une Société d'aveugles uniquement destinés à l'exercer. C'est de notre Maison d'Institution que nous espérons faire le Chef-lieu (si nous pouvons parler -47- ainsi) d'où se tireront les Productions Typographiques à l'usage, par exemple, de tous les aveugles, qui, dans leur infortune, auront la douce consolation d'être nés sous l'empire de notre Monarque.8 Venons à la manière dont nos Eleves-Aveugles exécutent leurs travaux Typographiques.

Nous avons donné à leur -48- Casse l'ordre Alphabétique, tout en leur conservant sous la main les caractères d'un fréquent usage.

Nous avons préféré cette distribution, dans la crainte que les Aveugles ne fussent moins adroits, que nous ne les avons trouvés. C'est d'après le même principe, que nous les faisons composer dans un chassis, doublé -49- d'un fond de cuivre, percé de plusieurs rangs de petits trous, par lesquels ils font sortir, à l'aide d'une pointe, les caractères qui sont à changer. C'est d'après le même principe que nous avons fait ajuster, dans l'intérieur de ce chassis, deux reglettes en fer, (mobiles au moyen de leurs vis,) l'une sur le côté, l'autre au bas de la -50- page, & servant à la justifier. C'est enfin d'après le même principe, que nous élevons le chassis horizontalement en longueur sur quatre pieds, dont les deux qui portent le commencement de la page, sont plus bas de moitié que les deux sur lesquels la fin est appuyée; afin que, sans se servir de composteur, l'aveugle place les mots -51- à mesure, & qu'ils ne se renversent pas, lorsqu'il compose le reste de la page.

Le sens dans lequel se présentent les caractères Typographiques des aveugles, indique naturellement, que l'arrangement doit s'en faire de gauche à droite, comme nous l'avons observé page 19. Et pour faciliter la lecture aux aveugles, du moins dans les -52- premiers tems de leur éducation, il est bon de mettre des espaces entre les mots & quelquefois même entre les lettres.

Il est aisé de voir qu'on ne peut faire de retiration, lorsqu'on imprime en relief, sans s'exposer à détruire le foulage, d'après lequel seul les aveugles peuvent lire. Aussi pour conserver aux pages -53- le même ordre qu'elles ont dans les livres des clairvoyans, l'aveugle est-il obligé de coller, dos à dos, par les extrémités, les quatre pages d'une feuille en sortant de la presse; & alors l'imposition des chassis se fait dans un ordre différent de celui des Clairvoyans. Les feuilles étant ainsi collées, on en forme des livres, -54- en les brochant simplement & les couvrant en Carton, sans les battre.

Le Tirage de ce genre d'impression se fait aisément, au moyen d'une presse à Cylindre qu'un levier fait mouvoir, d'une extrémité à l'autre, le long de deux bandes de fer, entre lesquelles sont placées les formes à la manière des Imprimeurs.9

-55- Nous emploierons avec succès les mêmes procédés pour tirer en relief à l'usage des aveugles la Musique, les Cartes de Géographie, les principaux traits de dessin, & généralement toutes les figures dont la connoissance peut être prise par le moyen du tact. C'est pour ces derniers objets sur-tout, que nous espérons que l'admirable -56- découverte de MM. Hoffmann sera précieuse aux aveugles; nous partageons d'avance leurs sentimens de gratitude envers ces Artistes estimables.10

A la presse dont nous avons parlé ci-dessus, nous avons imaginé d'ajouter un tympan à l'aide duquel, les aveugles tirent en noir, à leur gré, -57- des exemplaires d'une édition absolument conforme à ceux qu'ils font en blanc à leur usage.

Ce procédé qui s'applique également à la Musique, aux Cartes de Géographie, aux Dessins &c. met l'aveugle à portée, non-seulement de se rendre compte à lui-même de toutes les productions qu'il desire transmettre aux -58- clairvoyans; mais-encore de diriger facilement leurs études par la similitude des exemplaires, dans la supposition où l'on daigneroit le charger de leur donner des leçons.

-59-

CHAPITRE VI.

De l'Imprimerie des Aveugles, à l'usage des Clairvoyans.

Si nous avons été assez heureux pour imaginer les moyens de rendre l'Imprimerie utile aux Aveugles pour leur propre usage, si c'est à nous qu'ils doivent l'avantage de posséder -60- désormais des bibliotheques, & de prendre dans des livres faits exprès pour eux les notions des Lettres, des Langues, de l'Histoire, de la Géographie, des Mathématiques, de la Musique &c, nous ne sommes pas les premiers qui ayons osé tenter de leur faire coucher leurs idées sur le papier au moyen des Lettres Typographiques. Nous -61- avons vu entre les mains de Mademois. Paradis11 une Lettre imprimée par elle en caractère de Cicéro, & en langue Almande, pleine des sentimens les plus délicats & les mieux peints. Cet essai nous a fait naître l'idée d'appliquer les Aveugles à l'imprimerie pour le service des Clairvoyans; elle nous a réussi pour tous -62- les genres d'ouvrages grossiers & courans comme on peut en juger par les différens modèles qu'ils ont exécutés & qui se trouvent à la fin de cet ouvrage.

D'après nos procédés, les Aveugles formés à notre Institution, composent une planche d'Imprimerie du genre de ces modèles, avec d'autant plus de facilité qu'étant presque -63- toujours de la même teneur, il suffit de leur en écrire la matière avec une plume de fer dont le bec n'est pas fendu, ou avec le manche d'un canif, ainsi que nous l'avons indiqué plus haut, Chapitre 3.

Après avoir exercé l'aveugle sur les différentes parties de l'Art Typographique, à la manière des Clairvoyans, il s'en est -64- trouvé peu dans lesquelles il n'ait pas réussi. Nous l'avons vu successivement composer, justifier, imposer, tremper le papier, toucher, tirer &c.12 Nous en appellons d'ailleurs aux juges compétans en cette matière, & nous renvoyons nos Lecteurs aux rapport de MM. les Imprimeurs, qui suit celui de l'Académie des Sciences.

-65-

CHAPITRE VII.

De l'Ecriture.

L'exemple de Bernouilli, qui avoit appris à écrire à une jeune fille aveugle; celui de M. Weissenbourg, qui, privé de la vue dès l'âge de sept ans, s'est procuré à lui-même l'avantage de coucher aussi ses idées par écrit, nous encouragerent -66- à tenter les moyens de mettre la plume à la main de nos Eleves. Mais toujours occupé de notre vrai point de vue, c'est à dire de rendre notre Institution utile à tous égards aux individus qui en étoient les objets, nous avons cru qu'il ne pouvoit être que curieux de faire Ecrire des Aveugles, s'ils ne parvenoient à lire leur -67- propre Ecriture; c'est ce qui nous a engagé à faire exécuter à leur usage une plume de fer dont le bec ne fût pas fendu, & avec laquelle écrivant sans encre & en appuyant, sur un papier fort, ils y produisissent un caractère de relief qu'ils pussent lire ensuite, en passant leurs doigts sur les traits saillans du verso de la page, & à sens -68- contraire. Ce relief, quelque léger qu'il paroisse, est toujours suffisant, sur-tout lorsqu'on a soin de garnir le dessous du papier sur lequel écrit l'aveugle, de quelque surface moëlleuse, telle que plusieurs feuilles de papier de rebut, du carton, ou de la peau.

Quant au méchanisme propre à enseigner l'Art d'écrire aux Aveugles-nés, -69- il n'est pas difficile à exécuter; il ne s'agit que d'accoutumer l'élève à suivre, avec une pointe, des caractères rangés en forme de lignes. Mais au lieu de diriger la marche de cette pointe au moyen de caractères en relief, comme a fait M. Weissenbourg, il vaut mieux le conduire à l'aide de lettres creusées dans quelque métal. -70- Nous avons ajouté à cette précaution, celle de donner à nos lettres d'impression la forme de celles d'écriture, afin d'accoutumer de bonheur l'élève aveugle à en saisir la ressemblance. Enfin lorsqu'il a acquis l'habitude des formes, il ne lui reste plus pour écrire droit, qu'à mettre sur son papier un chassis, garni intérieurement -71- de plusieurs cordonnets paralleles à la direction de l'écriture, & distans entre eux d'environ 9 lignes pied de Roi. Ces paralleles servent à diriger la main de l'aveugle, dans le tems où il la transporte de gauche à droite pour tracer ses Caracteres.

-72-

CHAPITRE VIII.

De l'Arithmétique.

Nous avons admiré les tables ingénieuses de Saunderson13 & celles de M. Weissenbourg;14 & si nous n'avons adopté ni l'une ni l'autre des deux méthodes, c'est que notre but étant de mettre sans cesse les Aveugles en -73- relation avec les clairvoyans, nous avons cru devoir préférer la manière de ces derniers. Aussi lorsque nos Elèves calculent, peut-on suivre pas à pas leur opération.

Nous leur avons fait faire à cet effet une planche percée de divers rangs de trous quarrés, propres à recevoir des chiffres mobiles & des barres pour -74- séparer les différentes parties d'une opération.

Nous avons ajouté pour l'usage de cette planche une casse composée de 4 rangs de cassetins contenant toutes les figures propres au calcul, & qui se place à droite de l'aveugle lorsqu'il opére.

La seule difficulté qui s'offroit, étoit de représenter toutes les fractions -75- possibles sans multiplier les caractères qui les expriment. Nous avons imaginé de faire fondre 10 dénominateurs simples dans l'ordre des chiffres 0, 1, 2, &c. jusqu'à 9 inclusivement; & 10 numérateurs, simples aussi, dans le même ordre, mobiles, pour pouvoir s'adapter en tête des dénominateurs. Au moyen de cette combinaison, -76- il n'est pas de fraction que nos Elèves ne puissent exprimer.

On voit par ce que nous venons de dire, que notre méthode a un double avantage.

1º. Un Père de famille, ou un Instituteur peuvent diriger facilement un enfant aveugle dans l'étude des Calculs.

2º. Cet aveugle une fois -77- instruit, peut aussi conduire à son tour des opérations d'Arithmétique, faites par un Enfant Clairvoyant.

Les Aveugles d'ailleurs ont une telle disposition pour le calcul, que souvent nous les avons vu suivre une règle de tête seulement, & en redresser les erreurs.

-78-

CHAPITRE IX.

De la Géographie.

Nous devons à Mademois. Paradis la connoissance des Cartes de Géographie à l'usage des Aveugles. Elle la tient elle-même de M. Weissenbourg: mais nous sommes étonnés qu'ils n'aient encore porté ni l'un ni l'autre -79- à un plus haut degré de perfection, les ustensiles qui servent à l'étude de cette science.

En effet ils indiquent les contours des différens pays avec de la chenille, parsement les diverses parties de leurs cartes d'un sable glacé de différentes manières, & distinguent les ordres de Villes par des grains de verre -80- plus ou moins gros.

Nous nous sommes contentés de marquer les limites dans nos Cartes à l'usage des Aveugles, par des fils de fer minces & arrondis; & c'est toujours la différence ou de la forme ou de la grandeur de chaque partie d'une Carte, qui aide nos Eleves à les distinguer l'une de l'autre.

-81- Nous avons imaginé ce moyen de préférence à cause de la facilité qu'il nous donne de multiplier, à l'aide de la presse, les copies de nos cartes originales pour l'usage des aveugles. Il sera d'ailleurs plus susceptible que tout autre de se préter à l'exécution des détails les plus délicats qui puissent affecter le tact de ces individus; & celui de -82- nos premiers Elèves s'est tellement perfectionné dans l'usage des Cartes de Géographie, qu'on les voit tous les jours avec surprise, dans nos exercices, distinguer un Royaume, une Province, une Ile, dont on leur présente l'empreinte isolée, sur un carré de papier.

CHAPITRE X.

De la Musique.

En traçant le plan d'Education des aveugles, nous n'avions d'abord regardé la Musique que comme un accessoire propre à les délasser de leurs travaux. Mais les dispositions naturelles de la plupart des Aveugles pour cet Art; les -84- ressources qu'il peut fournir à plusieurs d'entre eux pour leur subsistance; l'intérêt qu'il paroît inspirer aux personnes qui daignent assister à nos exercices; tout nous a forcé de sacrifier notre propre opinion à l'utilité générale.

Les Aveugles ont des dispositions naturelles pour cet Art. Un nombre considérable d'entre eux, -85- dénués de moyens pour vivre, saisissent avec empressement par besoin une profession vers laquelle leur goût les entraînoit déja. Ce n'est que faute de principes sans doute, que quelques-uns sont réduits à courir les rues, pour aller de porte en porte déchirer les oreilles, à l'aide d'un instrument discord ou d'une voix rauque, afin d'arracher -86- une légère pièce de monnoie qu'on leur donne souvent en les priant de se taire.15

D'autres moins infortunés, & se livrant par choix à un instrument qui leur présente plus de ressource, suivent la carrière des Couperin, des Balbatre, des Séjan, des Miroir, des Carpentier.16

-87- Notre Institution va leur offrir à tous des secours, soit pour l'étude, soit pour la pratique de leur Art. Avant nous, on étoit obligé d'apprendre aux aveugles par une espèce de routine les morceaux de musique qu'ils désiroient exécuter. Nous avons fait fondre des caractères de musique propres à en représenter sur -88- le papier tous les traits possibles, par des reliefs dans le genre de ceux que nous avons imaginés pour figurer les paroles.17

A l'aide de notre musique imprimée, l'aveugle peut donc apprendre maintenant les principes de cet art, & mettre ensuite dans sa mémoire les différens morceaux dont il désire l'enrichir.18

-89- Il peut aussi se former une Bibliothéque de goût, composée des plus belles productions musicales; & enfin nous transmettre lui même les fruits de son propre génie.19

Quant à la musique introduite dans nos exercices particuliers, nous prions nos Lecteurs de ne la considérer que comme un délassement honnête -90- que nous nous sommes vu forcés d'accorder à nos Elèves.

Notre Institution est dans son origine un Atelier dont les différens Artistes & Ouvriers égayent de tems en tems leurs travaux par l'harmonie. Et nous nous sommes d'autant moins refusé à les laisser exécuter quelques morceaux, même dans leurs -91- Exercices publics, que la plupart des personnes bienfaisantes qui ont daigné y assister, ont toujours témoigné en les entendant le plus vif attendrissement.

-92-

CHAPITRE XI.

Des Occupations relatives aux Métiers.

Avant la naissance de notre Institution, quelques Aveugles, fatigués sans doute de cette inertie à laquelle leur triste situation sembloit les condamner, firent des efforts pour en sortir.20 Convaincus -93- de leur aptitude à diverses occupations manuelles, nous n'eûmes d'autre soin à prendre que celui de choisir les travaux qui leur étoient propres. On les appliqua avec succès à la Filature.21 Du fil de leur fabrique nous réussîmes à leur faire retordre de la ficelle; & de cette ficelle nous leur fîmes tramer de la Sangle. -94- Les ouvrages au boisseau, le filet, le tricot, la couture, la reliure des livres, tout fut tenté à notre satisfaction; & nous manquâmes plutôt d'artisans que de travaux, tant il est d'espèces d'occupations manuelles que l'on peut confier aux infortunés qui sont privés des douceurs de la lumière.

D'après ces premiers -95- essais, nous ne négligerons rien pour mettre de bonne heure entre les mains de chaque enfant aveugle, né de parens indigens, une occupation dont il puisse un jour tirer sa subsistance. Nous extirperons ainsi le penchant à la mendicité; & nous acheverons de mettre l'ensemble dans notre tableau, & d'en animer les parties.

-96-

CHAPITRE XII.

De la Manière d'instruire les Aveugles, & Parallele de leur Education tion avec Celle des Sourds & Muets.

Comme nous nous sommes principalement attachés à simplifier les moyens & les ustensiles propres à instruire les -97- Aveugles, nous nous flattons d'avoir mis leur éducation à la portée de tout le monde. Cette opération est d'ailleurs assez facile par elle-même, & exige de la part du Maître plus de courage que de lumières. Nous croyons donc n'avoir à ce sujet aucun avis particulier à donner.

A l'aide de nos livres en relief, toute personne -98- pourra leur enseigner la lecteur. Sur les Œuvres de musique imprimées à notre presse, tout Professeur de cet Art leur en donnera des leçons. Avec une plume de fer, avec des planches & des caractères mobiles exécutés sur nos modèles, le premier Maître Ecrivain leur enseignera l'écriture & l'Arithmétique. Enfin il ne faudra que -99- des Cartes en relief pour diriger leur étude en Géographie; & ainsi du reste.22

Nous ne finirons point cette réflexion sur le degré de facilité de l'éducation des aveugles, sans en faire le parallele avec celui de l'institution des Sourds & Muets. Quelqu'étonnant que puisse paroître aux yeux du Public -100- le résultat de nos procédés, nous sommes bien éloignés de souscrire à l'admiration précipitée de quelques personnes qui veulent bien donner à ce résultat, la préférence sur l'Art d'instruire les Sourds & Muets: Art, nous osons le dire, incroyable pour ceux qui n'auroient point été témoins des succès auxquels il a -101- conduit le vertueux Ecclésiastique qui en est le créateur, & dont plusieurs, même de ceux qui les ont vus, n'ont su ni en apprécier le mérite, ni en sentir toute la difficulté. Qu'on le suive en effet pas à pas; qu'on le prenne à l'instant où il commence à vouloir faire entendre ses premier signes à son Elève. Qu'on nous explique -102- par quel talent enchanteur, il apprend à des Sourds, à distinguer les modes d'un verbe, ses tems, les inflexions de ses personnes. Que l'on nous dise comment il insinue dans leur esprit des idées Métaphysiques? Par quel secret merveilleux, il s'en fait entendre au seul mouvement des lèvres, & entretient avec eux une espèce -103- de conversation, très expressive, tout muette qu'elle est? Et l'on conviendra que le Talent d'imprimer dans l'âme des idées nouvelles, en parlant aux yeux seuls, par des gestes infiniment plus éloquens que tous ceux de nos Orateurs, est bien supérieur au talent de réveiller dans l'âme, des idées qui y sont déja gravées, -104- en faisant concourir à l'impression de la voix, sur l'organe de l'ouïe, avec la finesse d'un tact exercé à saisir les reliefs les plus délicats. Il y avoit long-tems que nous étions sollicités, par un désir impatient, de payer ce tribut à M. l'Abbé de l'Epée; nous nous applaudissons d'avoir à le faire dans une circonstance -105- aussi favorable, & nous nous flattons que nos Lecteurs sentiront toute la justice de notre hommage.23

-106-

CHAPITRE XIII.

Des Langues, des Mathématiques, de l'Histoire, &c.

C'est pour l'étude de tous ces objets surtout, que les livres que nous avons imaginés à l'usage des Aveugles, leur seront d'un grand secours. Les ouvrages Elémentaires des -107- Langues, des Mathématiques, l'Histoire &c. seront en effet les premiers fondemens de leur Bibliothéque. Ceux qu'ils pourroient produire eux-mêmes, & qui auroient mérité les suffrages du Public, y trouveront leur place à juste titre.24

Nous aurons soin surtout d'y joindre les œuvres aussi capables de former le -108- cœur de notre Elève aveugle, que d'orner son esprit; en posant pour base de ses études, celle de la religion. A l'aide de pareils principes, nous lui inculquerons l'amour de ses devoirs, & en particulier la reconnoissance pour ses Bienfaiteurs. En égayant ses jours par les détails intéressans de l'Histoire, nous lui ferons connoître les -109- François parmi lesquels il se félicite d'avoir reçu la vie. Nous graverons dans sa mémoire les principaux faits de leur Histoire, & les traits de bienfaisance & d'humanité qui se trouvent mêlés au récit de leurs exploits.

Nous lui ferons remarquer surtout, qu'ils se sont distingués de tout tems par un attachement -110- inviolable pour leur Roi; & à la peinture fidèle que nous lui tracerons d'un MONARQUE, qui, fait pour inspirer par lui-même cet attachement, renferme dans son équité & sa bienfaisance tous les motifs particuliers qui peuvent ajouter à l'énergie de ce sentiment héréditaire, il sentira, comme nous, que l'état le plus désirable -111- auquel une Nation puisse parvenir, est celui où la soumission de plusieurs millions de sujets envers un Maître commun, se présente sous l'image de la tendresse respectueuse d'une grande famille, pour un PERE qui en fait le bonheur.

FIN.

-113-

NOTES
Relatives à différens Chapitres de cet Ouvrage.

[1]*Page 17.* C'est sans doute par ce moyen que l'Aveugle du Puiseaux, dont parle M. Diderot dans sa lettre sur les Aveugles, page 8, apprenoit à lire à son fils.

[2]*Ibidem.* Nous avons vu quelques mots ainsi piqués sur des Cartes entre les mains de Mlle Paradis. Cette virtuose est âgée de 20 ans; elle est née à Vienne en Autriche, lieu de sa résidence ordinaire. Une sorte d'Apoplexie l'a privée subitement de la vue à l'âge de deux ans. Elle s'est appliquée principalement à la Musique & a fait en 1784, à Paris, les délices du Concert Spirituel.

[3]*Page 25.* M. Weissembourg, fils, demeurant à Manheim, devenu Aveugle à l'âge de sept à huit ans, célèbre par les connoissances qu'il a acquises, a conservé la faculté d'écrire; mais cet avantage qui n'est qu'un objet de curiosité, en deviendra un d'utilité réelle, si, comme nous l'espérons, il adopte nos procédés.

[4]*Page 32.* On a déjà des exemples de ces abréviations à la portée de tous les lecteurs, dans les Traités de Philosophie, dans les Dictionnaires, les Méthodes & autres Livres Elémentaires d'Education.

[5]*Page 40.* D'après la proposition faite par nous dans les Affiches, Annonces & Avis divers, le trois Décembre 1786, Page 3204, au premier Article des Demandes, nous avons fait commencer le cinq du même mois à enseigner à lire par un de nos Aveugles à un enfant clairvoyant. Pendant les -114- leçons, le Maître avoit un livre en relief blanc sous les doigts, tandis que l'Elève avoit devant les yeux la même édition en noir.

Cet enfant a donné pour la première fois des preuves de son avancement, aux exercices faits par les Enfans-Aveugles à Versailles, pendant les Fêtes de Noël de la même année.

[6]*Page 40.* Cet Aveugle, ainsi que nous l'avons dit ci-dessus, note 1, donnoit des leçons de lecture à son fils.

[7]*Page 45.* On sait combien il est facile d'abuser de l'Imprimerie à tous égards: & malgré la droiture de nos intentions, malgré la tolérance que l'on a daigné avoir pour notre Typographie naissante,

dont les productions portent un caractère d'originalité reconnoissable, nous nous sommes fait une loi de n'en rien laisser sortir qui n'ait l'attache de M. Clousier, imprimeur du ROI, & qui ne se soit fait sous ses yeux, ou sous ceux de quelque personne commise par lui.

[8]*Page 47.* En attendant qu'on ait formé chez les autres Nations des établissemens semblables au nôtre, nous nous ferons un plaisir de faire imprimer en relief & en langues étrangères, par nos Aveugles, les livres destinés à l'usage des étrangers privés de la vue.

[9]*Page 54.* Cette presse est de l'invention du Sr. Beaucher, Me. Serrurier-Machiniste. Elle a rempli nos vues avec succès, quant à la facilité d'être servie sans efforts par un enfant Aveugle, & de recevoir le Méchanisme que nous avions à y adapter. Nous croyons cependant qu'une pression perpendiculaire, donnée au même instant à toute la feuille, laisseroit à son foulage plus de solidité; nous espérons trouver cette perfection dans une presse d'un autre genre que le Sr. Beaucher nous a annoncée.

[10]*Page 56.* Quoiqu'aux pages 30 & 56 de cet ouvrage, nous n'ayons cité les noms que de quelques-uns de Mrs. les Imprimeurs dont nous avons entendu faire l'éloge, nous ne pouvons nous dispenser d'avouer que d'après notre propre façon de penser, il en est beaucoup d'autres qui nous paroissent exercer leur état avec distinction. Nous appercevons même parmi ceux qui composent le corps de cette capitale, une émulation générale. Et forcés par la nature de notre Institution de faire nous-mêmes, une espece d'apprentissage de cet Art, nous citerions avec plaisir un nombre considérable de productions -115- très-connues de différentes presses, qui ne laissent rien à desirer, tant par la netteté des caractères que par le choix du papier, & qui nous ont servi de modèles dans l'étude que nous avons eu à faire de la Typographie. D'ailleurs, loin de nous ériger en juges vis-à-vis des personnes qui cultivent, soit par état soit par goût, les Sciences ou les Arts, nous louons jusqu'aux efforts qui n'ont point été couronnés de succès.

[11]*Page 61.* Cette production étoit faite à l'aide d'une petite Presse que lui a formée Mr. de Kempellen, Auteur de l'Automate-joueur d'Echecs.

[12]*Page 64.* S'il est une opération chez les Aveugles, qui demande à être dirigée par les Clairvoyans, c'est l'Imprimerie à l'usage de ces derniers, nous l'avouons. On nous a même souvent réitéré cette objection sur diverses autres parties de notre institution. Mais les Clairvoyans eux-mêmes qui travaillent à la presse, n'ont-ils pas toujours parmi eux un guide, (le Prote), aux lumières duquel ils sont obligés de déférer? & dans d'autres états de la vie ne voit-on pas des personnages plus instruits, diriger ceux qui le sont moins, en attendant que ceux-ci soient en état de conduire à leur tour des sujets moins expérimentés qu'eux. C'est ainsi qu'un jour de bataille, le Général d'une armée donne des ordres, dont les Officiers subalternes ignorent le but. C'est ainsi que le Pilote conduit au terme de leur voyage de Savans Académiciens, qui ne connoissent pas l'Art de la Navigation.

[13]*Page 72.* La Table Arithmétique de Saunderson, étoit formée d'une planche partagée en petits carrés, rangés horisontalement & séparés les uns des autres de la même distance; chaque petit carré étoit percé de neuf trous, savoir, un au milieu de chaque côté. C'étoit par les différentes positions de fiches uniformes dans ces différens trous, que Saunderson exprimoit toute espèce de nombre.

[14]*Ibidem.* Nous avons vu entre les mains de Mlle. Paradis des tables d'Arithmétique, que nous croyons être celles de M^r. Weissenbourg. Mais sans une étude particulière, on ne peut suivre les opérations qui se font à l'aide de ces tables. Nous ne savons même pas si notre Elève opéreroit aussi vite & aussi sûrement avec ces moyens, qu'il le fait avec ceux des Clairvoyans, que nous n'avons d'autre mérite, que celui de lui avoir rendu palpables.

[15]*Page 86.* Si le goût & les dispositions que certains Aveugles montrent -116- pour le Violon ou pour les instrumens qui se marient avec lui, étoient dirigés par l'Art, peut-être un jour s'en serviroient-ils, comme d'un moyen propre à gagner plus honnêtement leur vie. Un Citoyen estimable* qui approuve toutes les parties de notre Institution, sans témoigner pour aucune d'elles de prédilection particulière, nous suggéroit, à la suite d'un de nos exercices, qu'on pourroit employer utilement par la suite des Aveugles Musiciens dans des fêtes.

[*] M. Thierry, Auteur de l'Almanach des Voyageurs.

[16]*Ibidem.* Tout le monde connoit le mérite de M^r. Chauvet, Aveugle, Organiste de Notre-Dame de Bonne-Nouvelle. On cite en France plusieurs autres Aveugles, dont le talent assure les espérances que nous avons conçues de l'utilité de son étude pour nos Elèves. Qu'il seroit consolant pour nous de tirer un jour d'un Art d'agrément, des moyens de subsistance pour une partie de ces infortunés, & de le voir devenir, par un heureux choix, l'instrument de la bienfaisance!

[17]*Page 88.* On nous objecte, avec raison, que nos Elèves ne pourront exécuter sur la Musique; ce n'a jamais été notre but. Qu'importe qu'ils rendent leurs morceaux par cœur, pourvu qu'ils le fassent fidèlement?

[18]*Ibidem.* Personne n'ignore combien la mémoire des Aveugles est sûre, & avec quelle promptitude ils la meublent. On connoit d'ailleurs cette conception que la plûpart d'entre eux montrent dans les opérations difficiles de l'esprit; dispositions si étonnantes, que l'on douteroit presque si la nature a été plus avare dans ses dons à leur égard, qu'empressée à les dédommager de ceux qu'elle leur a refusés.

[19]*Page 89.* Mlle. Paradis, qui s'occupoit de l'étude de la composition, pendant son séjour à Paris, & qui chercha alors des moyens de figurer les accords, apprit avec plaisir que nous faisions des tentatives à ce sujet. Nous regrettons que son départ précipité pour aller recueillir sous un autre climat le fruit de ses talens, ne nous ait pas laissé le tems de lui offrir le résultat de nos procédés, pour l'aider à fixer sur le papier la matière de son étude.

[20]*Page 92.* Parmi les Aveugles, qui n'ayant pas l'avantage d'avoir la -117- pension des Quinze-Vingts, sont obligés de demander leur vie dans la capitale, nous en avons vu plusieurs qui s'occupoient de quelque travail relatif aux métiers. Le nombre de ceux que nous pouvons faire exercer par les Aveugles, dans nos Ateliers, est très-considérable, & nous ne craignons pas de dire, que si nous continuons à être secondés, nous parviendrons un jour à mettre tous les Aveugles à l'abri de l'indigence, en les occupant fructueusement.

[21]*Page 93.* Les Enfans-Aveugles qui sont à l'instruction dans notre maison d'Institution, filent à l'aide d'une machine fort ingé-

nieuse de l'invention du Sr. Hildebrand, Mécanicien. Un d'entre eux tourne une roue principale qui donne à plusieurs rouets un mouvement que chaque fileur peut arrêter, accélérer, ou ralentir à son gré, sans troubler l'ordre général.

[22]*Page 99.* Nous nous ferons un plaisir de diriger la Fabrication des ustensiles nécessaires à l'instruction de tout Aveugle étranger. Les livres & Œuvres de Musique, seront fournis par nos Elèves Aveugles, & vendus à leur *seul bénéfice.* Lorsque nous aurons mis la dernière main aux objets de première nécessité, nous espérons nous occuper des jeux, & de tout ce qui pourra faire pour les Aveugles, l'objet d'une récréation honnête. Nous croyons qu'il doit entrer également dans nos vues, de faire enseigner à l'Enfant-Aveugle à marcher sans conducteur.

[23]*Page 105.* Nous parlons avec d'autant plus de connoissance de cause de l'instruction des Sourds & Muets, & notre opinion en est d'autant plus conforme à la vérité, que forcés par des circonstances dont nous ne pouvions nous défendre, de consacrer les loisirs que nous laissoit l'instruction de nos Aveugles à celle *du jeune homme trouvé sur les Côtes de Normandie,* qui est un Sourd & presque Muet, nous avons senti à chaque pas combien l'entreprise étoit difficile, au-dessus de nos forces, & du seul ressort de M. l'Abbé de l'Epée. Nous nous proposons de donner l'Histoire de ce jeune homme infortuné. La composition des Planches en sera faite par lui, & le tirage par les Enfans-Aveugles. Le tout sera proposé par souscription, dont le bénéfice entier divisé en deux portions égales, reviendra moitié aux Enfans-Aveugles, & moitié à ce jeune infortuné.

[24]*Page 107.* Il eût été sans doute précieux pour Saunderson, Auteur de diverses productions, de les confier lui-même au papier, & sans être obligé -118- de s'en rapporter à la foi d'un Copiste, de pouvoir à chaque instant s'en rendre personnellement un compte exact.

Un de nos Elèves montrant quelques dispositions pour la Poésie, nous prions nos Lecteurs de nous permettre de l'encourager, en joignant un échantillon de son talent naissant, après les modèles des divers ouvrages d'Imprimerie qui peuvent être exécutés par les Aveugles, & qui sont à la fin de ce Volume.

-119-

PRÉCIS HISTORIQUE
De la Naissance, des Progrès, & de l'état actuel de
l'Institution des Enfans-Aveugles.

Plusieurs Personnes respectables ont porté l'intérêt qu'elles prenoient à notre Institution, jusqu'à nous demander comment une pareille idée avoit pu nous entrer dans l'esprit; par quels moyens nous en avions tenté l'exécution; & par quels degrés elle étoit parvenue au point où elle est maintenant. Jaloux de satisfaire une si louable curiosité, nous nous empressons de joindre ici un récit succint de la Naissance, des Progrès, & de l'état actuel de notre Etablissement.

Une nouveauté d'un genre singulier attiroit, il y a plusieurs années, un concours de monde, à l'entrée d'un de ces lieux de rafraîchissemens, placés dans les Promenades publiques, où d'honnêtes Citoyens vont se délasser un instant vers la chûte du jour.

Huit à dix pauvres Aveugles, des lunettes sur le nez, postés le long d'un pupitre qui portoit de la musique, y exécutoient une symphonie discordante, qui sembloit exciter le joie des Assistans. Un sentiment tout différent s'empara de notre ame; & nous conçumes dès l'instant la possibilité de réaliser à l'avantage de ces Infortunés, des moyens dont ils n'avoient qu'une jouissance apparente & ridicule. L'Aveugle, nous dîmes-nous à nous-mêmes, ne connoit-il pas les objets à la diversité de leurs formes? Se méprend-il à la valeur d'une pièce de monnoie? Pourquoi ne distingueroit-il pas un *ut* d'un *sol*, un *a* d'une *f*, si ces caractères étoient rendus palpables.

Nous réfléchissions quelquefois à l'utilité de cette exécution, lorsqu'une -120- autre observation vint encore nous frapper. Un jeune Enfant plein d'intelligence, mais privé de la vue, écoutoit toujours avec fruit corriger les devoirs Classiques de son frère. Souvent même il le prioit de lui lire des livres élémentaires. Celui-ci, plus occupé des objets de ses récitations, fermoit l'oreille aux sollicitations de son malheureux frère, qu'une maladie cruelle emporta bientôt.

Ces différens exemples ne tardèrent pas à nous convaincre, combien il seroit précieux pour les Aveugles d'avoir des moyens qui pussent étendre leurs connaissances, sans qu'ils fussent obligés d'attendre ou quelquefois même de demander infructueusement les secours des Clairvoyans.

Si l'exécution de ces moyens nous sembla possible, elle ne laissa pas de nous présenter d'abord quelques difficultés. Nous avions besoin d'être encouragés, nous l'avouons. Mademoiselle Paradis arriva dans cette Capitale. Elle nous fit voir ses tentatives & celles de M. Weissenbourg. Nous recueillîmes celles des Aveugles qui avoient vécu avant nos jours; nous mîmes à exécution quelques-uns de leurs procédés; nous y joignîmes le résultat des nôtres; & nous fîmes un Plan général d'Institution. Il ne nous manquoit plus qu'un sujet sur lequel nous pussions tenter nos premiers essais. La Providence sans doute daigna diriger notre choix sur lui.

François le Sueur, frappé de cécité à la suite de convulsions à l'âge de six semaines, n'avoit, à dix-sept ans & demi, aucune notion relative aux Lettres. Né d'une famille honnête, mais tout-à-fait dépourvue des biens de la fortune, & contrainte de chercher des moyens de subsistance dans la Classe du Peuple la moins aisée, quoique la plus laborieuse peut-être, le jeune Aveugle jouit à peine de l'usage de la raison qu'il craint d'être à charge à ses parens; bientôt il s'oblige de lui-même à s'aller présenter tous les jours à la porte de nos Temples, pour y demander cette espèce de secours faible & passager, que l'indigent arrache souvent avec peine au riche qui fuit ses importunités. Plein de joie à la moindre récolte, il vole avec empressement, au sein de sa famille malheureuse, en partager le fruit avec les auteurs de ses jours, avec -121- trois sœurs & deux frères, dont le dernier est encore à la mamelle. C'est au milieu de cette vie pénible, aussi peu propre à inspirer qu'à favoriser le goût des Sciences, que notre premier Elève commence son éducation. Bientôt un noble enthousiasme s'empare de lui; il divise sa journée; il enlève à la nécessité de travailler à son existence, des momens qu'il consacre à l'étude. Ses efforts ne tardent pas à être suivis de succès. On nous demande à voir le résultat de nos procédés; nous saisissons la circonstance favorable d'une Assemblée Académique où nous étions nommés pour lire un mémoire. Nous prenons pour sujet quelques réflexions sur l'éducation des Aveugles. M. le Noir, alors Magistrat chargé de l'Administration de la Police, présidoit cette Assemblée. Il voit nos premiers essais, les accueille avec un intérêt qu'il inspire bientôt à des Ministres, protecteurs des Arts & de l'indigence. M. le Comte de Vergennes, M. le Baron de Breteuil, M. le Contrôleur-Général, M. le Garde des Sceaux, veulent bien permettre que le jeune le Sueur fasse ses exercices en leur présence, & tous ces témoins respectables encouragent notre premier Elève par leurs bienfaits.

Mais tandis que nous esquissions ainsi dans le particulier les premiers traits de notre Plan d'Institution des Enfans-Aveugles; déjà une Compagnie de Bienfaisance, composée de Membres de la première distinction, par leur naissance, leurs fonctions, leur fortune, ou leurs talens; dépositaire des bienfaits publics dont chacun d'eaux se plaît à augmenter la masse suivant ses facultés; & qui, arrachant des heures à leurs affaires ou à leurs loisirs, vont s'occuper deux fois par mois au fond d'un Cloître, loin des regards publics, des moyens de diminuer le nombre de Infortunés; déjà la Société Philantropique avoit jetté les fondemens de cette Institution. Douze pauvres Enfans-Aveugles recevoient de cette Compagnie chacun un secours de 12 livres par mois. Satisfaite de nos premières tentatives, elle daigna confier à nos soins ces Infortunés. Nous ne tardâmes pas à concevoir l'espérance d'ajouter, au secours qu'elle leur donnoit, le produit de leurs travaux. Que d'obligations n'avons nous pas à rendre à toute cette Société respectable. Et que ne nous est-il -122- permis de nommer ceux de ses Membres, qui, n'ayant ni réputation ni fortune à acquérir, ont partagé avec nous, modestement & dans le silence, les détails nombreux auxquels nous entraîne la direction de cet Etablissement!

Bientôt notre Institution acquit un nouveau dégré d'intérêt aux yeux du Public. Alors, on cessa de croire que la faculté de recevoir par le tact, l'éducation que nous proposions, étoit restreinte à un individu, seul favorisé des dispositions de la Nature. De quatorze Enfans-Aveugles, instruits des premiers élémens, il ne s'en trouvoit alors que trois dont les progrès fussent lents; parce que, jouissant encore d'un foible rayon de lumière, ils obtenoient de moins du côté du tact ce qui leur restoit (presqu'en pure perte) du côté de la vue.

Il ne manquoit plus, pour mettre le sceau à cet Etablissement, que le témoignage des Savans sur ses moyens. L'Académie des Sciences daigna s'occuper de leur examen, & en fit le rapport que nous avons inséré à la suite de cet Ouvrage.

Entraîné par le suffrage des Gens instruits, par sa propre expérience, par les mouvemens d'un cœur disposé à favoriser le bien, le Public s'empressa de toutes parts à contribuer aux frais de construction d'un Edifice que nous élevions à la Nature souffrante.

L'Académie Royale de Musique exécuta, le 19 Février 1786, au bénéfice des Enfans-Aveugles, un Concert, dans lequel on fut partagé entre l'admiration qu'exerçoient, d'une part, le noble désintéressement de ses Membres, de l'autre, le talent qu'ils firent briller dans cette circonstance.

Engin le Lycée, le Musée, & le Sallon de Correspondance, se disputèrent, à l'envi, la douce satisfaction de voir, au milieu de leurs Séances Académiques, de jeunes Enfans-Aveugles balbutier les premiers élémens de la lecture, des calculs, &c.: Et dans les arènes où le Génie seul avoit jusqu'alors donné des encouragemens, on vit pour la première fois la bienfaisance décerner les Couronnes.

L'enthousiasme gagna les Sociétés particulières; & les exercices des -123- Enfans-Aveugles furent toujours terminés par quelque récolte en leur faveur, envoyée à la Maison Philantropique, qui, joignant ce secours à ceux qui provenoient de ses propres fonds, le leur distribuoit avec la tendresse qu'une bonne mère ressent également pour chacun de ses enfans.

Trente de ces Infortunés partagent maintenant, avec ces secours, les avantages de notre Institution. Plusieurs autres, trop jeunes encore pour être appliqués aux travaux, n'en reçoivent pas moins le soulagement auquel leur triste situation semble leur assurer un droit. Mais dans l'état actuel où est notre Etablissement, nous prions nos Lecteurs de ne le regarder que comme une ébauche. Nous espérons que leur sagacité leur montrera dans ces prémices, le gage des succès qu'ils promettent par la suite. C'est ainsi qu'un Observateur attentif, des productions de la Nature, voit, dans les boutons que le Printems fait pointer de toute part sur les arbres, l'annonce des fruits que produira l'Automne.

ODE
Sur l'Institution des Enfans-Aveugles.

Descends des Cieux, douce Harmonie,
Et viens te placer dans mes vers;
Accours, & soutiens mon génie,
Pour former d'innocens concerts.
Aimable Dieu de la Lumière,
Guide mes pas dans la carrière
Qui conduit au sacré Vallon;
Daigne m'en applanir la route.
Ma muse, hélas! ne voyant goutte,
Tremble en approchant l'Hélicon.

Le sort condamnoit notre vie
A la stérile oisiveté;
Mais la bienfaisante Industrie
Nous rend à la Société:
Les différens métiers utiles,
Qu'elle fait nous rendre faciles,
Désormais vont nous soulager.
Nous renaissons à l'espérance;
Et notre pénible existence
Devient un fardeau plus léger.

La savante Typographie
Qui vint enrichir les François,
Immortalisa le génie
Des autres Arts, & leurs succès.
Sans yeux, grace aux décrets suprêmes,
Par elle nous pourrons, nous-mêmes,
Transmettre à la postérité
Les lumières des plus Grands Hommes,
La gloire du siècle où nous sommes,
Et l'adorable vérité.

Les Grecs, en chef-d'œuvres fertiles,
Jadis au mortel étonné

Ont produit des maîtres habiles
Devant qui l'on s'est prosterné;
Mais du tems de ces Personnages,
A la fois éclairés & sages,
Le Muet a-t-il su parler?
Et, chaque objet rendu palpable,
L'Aveugle s'est-il vu capable
De lire, écrire & calculer?

Quoique la sublime Nature
A jamais se voile à nos yeux,
Nous nous figurons la structure
De la Terre, & même des Cieux.
Des Fleuves nous savons la source;
Des Astres nous comptons la course,
Et passons successivement
D'Europe dans le Nouveau-Monde,
Grace à la main qui nous seconde
Et qui nous guide prudemment.

Mes chers Compagnons d'infortune,
Comme moi, bénissez les jours
Qui de notre douleur commune
Commencent d'adoucir le cours;
Et toi, Muse, en rendant hommage
Aux vertus qui sont l'apanage
De tous nos zélés Protecteurs,
Dis que notre reconnoissance,
Pour égaler leur bienfaisance,
A jamais vivra dans nos cœurs.

ParHuard, *Aveugle, Pensionnaire de la Maison Philantropique de Par-is.*

EXTRAIT DES REGISTRES
DE L'ACADÉMIE ROYALE
DES SCIENCES,
Du 16 Février 1785.

Nous, Commissaires nommés par l'Académie, Messieurs Desmarets, Demours, Vicq-d'Azir & moi,* pour examiner le mémoire & la méthode qui lui ont été présentés par M. Haüy, pour l'Instruction des Aveugles; avons cru devoir, avant de lui en rendre compte, faire quelques recherches, sur les moyens tendans à ce même objet, découverts & employés, soit par différens aveugles qui se sont instruits eux-mêmes, soit par différentes personnes qui vouloient entreprendre de les instruire.

[*] M. le Duc de la Rochefoucauld.

Sans remonter aux temps anciens, qui nous présentent Didyme d'Alexandrie, Eusèbe l'Asiatique, Nicaise de Méchlin & plusieurs autres aveugles illustres, qui avoient apparemment trouvé quelques moyens dont la connoissance ne nous est pas parvenue, nous trouvons dans les temps modernes le célèbre Saunderson, frappé d'aveuglement presque en naissant, & n'ayant pu conserver aucun souvenir de la vue, devenu l'un des plus illustres disciples de Newton, Professeur de Mathématiques & d'Optique à Cambridge, & auteur de plusieurs bons ouvrages, dans lesquels la privation de ce sens, en ajoutant à leur mérite, a répandu sur certaines démonstrations, une clarté plus vive que dans la plupart des Mathématiciens clairvoyans.

Tout le monde connoît sa machine arithmétique; une table, percée de trous, & des épingles dont la tête différoit de grosseur, lui servoient à calculer aussi vite que les clairvoyans avec leur plume; & cette même machine devenoit géométrique, au moyen de fils qui, passés autour des épingles, représentoient à son tact les figures, que les lignes d'encre ou de crayon représentent à notre vue.

Antérieurement à Saunderson, Jacques-Bernouilli avoit appris à écrire à une jeune fille qui avoit perdu la vue deux mois après sa naissance, mais le moyen étoit vraisemblablement très-imparfait;

puisque l'auteur ne l'a pas transmis, & puisque Saunderson, presque contemporain, n'en a pas eu connaissance.

M. Diderot, dans son intéressante lettre sur les aveugles, nous dit avoir trouvé l'aveugle du Puyseaux, occupé à faire lire son fils avec des caractères en relief; mais il ne nous apprend rien de précis sur la méthode de cet enseignement.

Melle. de Salignac qui vivoit encore à Paris il y a dix ou douze ans, faisoit usage de caractères en relief, mobiles; & le Sieur Richard fondeur, qui travailloit pour elle, en a conservé les formes.

Feu M. de Lamouroux faisoit aussi usage de caractères en relief, mobiles; mais pour la musique seulement, & s'étoit rendu célèbre dans cet art.

MM. Sodi & Frizéri se sont servis pour figurer leur musique d'épingles placées d'une manière connue seulement de leurs copistes.

Il est venu sur la fin du mois dernier chez M. Haüy, un aveugle de province, qui note la musique avec des notes de cire, grossièrement formées & peu solides.

Enfin il existe encore aujourd'hui deux aveugles, célèbres par leurs talens & par leur instruction; l'un est M. Weissenbourg de Manheim qui, privé de la vue à l'âge de sept ans,* s'est habitué, d'après des caractères en relief, à en tracer lui-même avec une plume; il a appris la Géographie d'après des cartes ordinaires divisées par différens fils, dans lesquels sont passés des grains de verre plus ou moins gros, pour désigner les différens ordres de villes, & parsemées d'un sable glacé de différentes manières pour distinguer les Mers, les Royaumes, les Provinces &c. Il calcule avec des petites planches divisées par de petits carrés, posés horizontalement, qui représentent les unités, les dizaines, les centaines, & sous-divisés chacun par neuf trous, dans lesquels il place de petites chevilles, qui lui servent à former ses nombres, & à faire ses opérations: il joue avec des cartes marquées de trous d'épingles sensibles pour lui seul.

[*] Journal de Paris du 24 Avril 1784, & Nouvelles de la République des Lettres & Arts du 2 Février 1785.

L'autre est Melle. Paradis née à Vienne, devenue aveugle à l'âge de deux ans, âgée maintenant de vingt & célèbre par ses talens pour la musique: M. de Kempellen, auteur de l'automate joueur d'Échecs lui a appris à épeller avec des lettres de carton découpé, & à lire des phrases pointées sur des cartes avec des épingles; il lui a formé une petite presse au moyen de laquelle elle imprime sur un papier les phrases qu'elle a composées comme un Imprimeur, & elle entretient ainsi une correspondance avec M. Kempellen son maître, & avec M. Weissenbourg à qui elle doit une partie de ses connoissances.

L'exposé que nous venons de faire, indique beaucoup de tentatives & de moyens épars qui ont eu jusques à présent plus ou moins de succès, mais personne n'avoit encore songé à rassembler ces différens moyens, à les discuter & à former une méthode suivie & complette pour faciliter à une portion malheureuse de l'humanité l'acquisition des connoissances que la privation du sens le plus nécessaire leur refusoit, & pour leur ouvrir, s'il est permis de parler ainsi, l'entrée de la Société des autres hommes. C'est ce que M. Haüy a entrepris, & l'Académie va juger jusques à quel point il a réussi.

Il emploie des caractères en relief que l'aveugle s'acoûtume à reconnoître au toucher, comme l'enfant à qui l'on montre à lire, reconnoît à la vue les caractères écrits ou imprimés.

Ces caractères sont séparés & mobiles comme ceux des Imprimeurs; on en forme des lignes sur une planche percée d'entailles où la queue du caractère s'engage; & lorsque la connoissance lui en est devenue familière, l'aveugle les cherche lui-même dans les cases où ils sont disposés, & les arrange sur la planche comme un compositeur d'Imprimerie.

Jusques-là, la méthode de M. Haüy ressemble à celle de l'aveugle du Puyseaux & de Melle. de Salignac; mais il a senti qu'il falloit chercher le moyen de former des livres à l'usage des Aveugles afin de les mettre en état de lire seuls, & de se passer de secours à cet égard. Il a donc imaginé d'imprimer sur un papier fort où la trace des caractères conserve un relief suffisant pour que l'aveugle puisse les lire au tact. Nous avons vû un de ces livres sur lequel l'aveugle a lû les phrases qu'on lui indiquoit; quoiqu'imprimées déjà depuis quelque-tems, le relief étoit encore bien conservé; d'ailleurs il sera facile de trouver un moyen pour consolider ce papier, & donner de la durée à cette nouvelle espece d'Imprimerie.

On voit que ce moyen peut encore servir aux aveugles pour entretenir correspondance entre eux, & en cela il est supérieur à celui de Melle. Paradis qui imprime bien ses écrits; mais dont M. Weissenbourg ne peut pas lire les lettres sans un secours étranger.

Il seroit à désirer que les Chimistes s'occupassent de trouver une encre qui conservât du relief en se séchant alors on pourroit écrire pour les aveugles, & ils pourroient eux-mêmes garder & relire ce qu'ils auroient écrit; cette découverte multiplieroit encore & faciliteroit pour eux les moyens d'instruction.

Les procédés employés pour les calculs sont semblables à ceux que nous avons décrits pour les lettres; l'aveugle dispose les chiffre sur la planche, & fait toutes les opérations sur les nombres entiers avec la même facilité; mais celles sur les fractions auroient été beaucoup plus longues & plus compliquées. M. Haüy les a simplifiées en formant pour cette espece de calcul des caractères faits pour contenir à la fois le numérateur & le dénominateur, mais dont une des parties est amovible pour que l'on puisse y substituer à volonté tel ou tel chiffre, & de cette manière avec un petit nombre de caractères différens, l'aveugle exécute toutes les opérations sur les quantités fractionnaires.

Il n'a pas pu réduire autant le nombre des signes nécessaires pour la musique; chacun des caractères contient les cinq lignes & les quatre intervalles avec un seul signe; il a même fallu qu'il en formât aussi quelques-uns pour les signes qui se trouvent accidentellement au dessus ou au dessous des cinq lignes ordinaires; mais malgré cette multiplicité, l'aveugles les retrouve facilement à la faveur du bon ordre dans lequel ils sont disposés, c'est pour la musique, par-exemple, que l'encre de relief seroit d'un grand secours.

Le procédé pour l'Étude de la Géographie est à peu près semblable à celui qu'emploie M. Weissenbourg: le contour des différentes divisions est en relief, & l'aveugle reconnoît au toucher par leurs formes les différens pays: on employera pour les villes ou autres petits objets des reliefs de différentes formes, & des matières comme le sable, le verre &c. reconnoissables au tact, pour distinguer les mers, les lacs, les rivières, & l'on conçoit qu'il est facile de multiplier ces signes autant qu'il sera nécessaire.

Le jeune Le Sueur a exécuté sous les yeux de l'Académie les différentes opérations que nous venons de décrire, & elle a vu qu'il les exécutoit avec promptitude & facilité; nous les lui avons fait répéter toutes en détail, & même quelques-unes de plus, comme de lire des caractères cursifs pointés avec une épeingle sur une carte, & d'autres écrits avec la pointe du manche d'un canif, dont le relief étoit peu considérable, il les a lus assez facilement, & maintenant il travaille à employer des caractères de moitié plus petits que ceux qui ont été apportés à l'Académie.

Non seulement ce jeune homme est instruit pour lui-même; mais il est encore l'Instituteur d'autres aveugles à qui il transmet ses connoissances par les mêmes procédés qui les lui ont fait acquérir; nous avons vu cette École qui présente un spectacle à la fois curieux & touchant; plusieurs jeunes aveugles de l'un & de l'autre sexe apprennent d'un maître aveugle aussi, reçoivent avec joie une instruction qui leur est données avec intérêt, & tous semblent s'applaudir de concert d'acquérir une existence nouvelle.

Il est bon de faire remarquer à l'Académie que l'éducation du jeune Le Sueur, actuellement âgé de dix-sept ans, ne date que de huit mois. Ce malheureux, né aveugle & dans l'indigence, n'avoit pu recevoir par les autres sens que les idées les plus communes, & à la Pentecôte de l'année dernière il quêtoit à la porte d'une de nos Églises, & partageoit avec une famille pauvre le fruit modique des aumônes qu'il recevoit. C'est de là que M. Haüy l'a tiré pour lui donner de l'éducation, & si les succès que nous avons vu font honneur à l'intelligence de l'Élève, ils sont satisfaisans & glorieux pour le maître dont les talens bienfaisans méritent la reconnoissance publique.

C'est une association de Citoyens charitables qui fournit aux frais de cette École déja composée de plus de vingt sujets, & que la fortune de M. Haüy, qui n'est pas proportionnée à son zèle, ne lui eut pas permis d'entreprendre sans secours.

On peut dire, à l'honneur de notre Siècle, que jamais il n'a régné un amour plus vrai pour le bien de l'humanité, & que la bienfaisance n'a été ni plus active ni plus éclairée.

Qu'il nous soit permis de rendre hommage ici aux talens & au zèle de M. l'Abbé de l'Épée qui a ouvert la carrière de l'instruction aux Sourds & Muets, M. Haüy devient à son exemple le bienfaiteur des aveugles, & cette partie souffrante de l'humanité lui devra des moyens de bonheur que l'on ne croyoit pas pouvoir espérer pour elle.

L'Académie qui a vu avec intérêt les premiers succès de son zèle le trouvera sûrement digne d'être encouragé par ses éloges, & nous lui proposerons, en donnant son approbation à la méthode que M. Haüy lui a présentée, de l'exhorter à la rendre publique, & de l'assurer qu'elle recevra volontiers les nouveaux comptes qu'il pourra lui rendre de ses efforts pour la porter au degré de perfection dont elle est susceptible.

Certifié le présent extrait conforme à l'original, ce dix-huit Février 1785. Signé le Marquis de Condorcet.

CERTIFICAT

DE MESSIEURS
LES IMPRIMEURS.

Nous soussignés, certifions qu'assistant aux Exercices des Enfans Aveugles, ils ont exécuté en notre présence différentes parties de notre Art; que nous les avons vu successivement composer d'après un manuscrit en relief, justifier les lignes & les pages, imposer, toucher les formes, marger, servir la Presse, distribuer les caractères, relier leurs livres, &c., le tout à notre satisfaction; en foi de quoi nous leur avons délivré le présent certificat. A Paris, ce 16 Décembre 1786.

Vincent, *Ancien Imprimeur de* MONSIEUR.

Signé   Clousier, *Imprimeur du* ROI.

Saillant, *Ancien Libraire.*

MODÈLES
DES DIFFÉRENTS OUVRAGES
D'IMPRIMERIE,
Qui peuvent être exécutés facilement
PAR LES ENFANS-AVEUGLES.

Nº. I. *MODÈLE DE BILLET*
De Participation de Mariage.

M.

Monsieur le Comte DE   a l'honneur de vous faire part du Mariage de Monsieur le Marquis DE   son Fils, avec Mademoiselle DE

Nº. II. *MODÈLE DE BILLET*
De Participation d'Accouchement.

M.

Monsieur le Marquis de   a l'honneur de vous faire part que Mme la Marquise de   est accouchée hier heureusement d'un

La mère & l'enfant se portent bien.

Paris ce 15 Octobre 1786.

Nº. III. *MODÈLE DE BILLET*
De Service.

M.

Vous êtes prié d'assister au Service qui sera célébré Mercredi 10 Mai 1786, à 10 heures du matin, en l'Église Paroissiale de Saint-Eustache, pour le repos de l'âme de Messire JEAN-FRANÇOIS   Chevalier, Marquis de   Seigneur de & autres lieux.

REQUIESCAT IN PACE.

De la part de Mme. la Marquise de   sa Veuve.

Nº. IV. *MODÈLE DE LETTRE*
Circulaire de Commerce.

Paris ce 15 Octobre 1786.

M

Nous avons l'honneur de vous prévenir que l'intérêt que notre Sieur avoit cédé dans sa Maison de Commerce aux Sieurs   ses Commis, suivant la Circulaire du mois de Janvier dernier, est résilié d'un commun accord, & n'aura désormais plus lieu, à compter du 31 de ce mois; & que la liquidation des affaires sera faite par notre dit Sieur   sous la raison de   dont vous voudrez bien reconnoître la signature pour n'ajouter foi qu'à elle seule.

Nous avons l'honneur d'être très-parfaitement,

M

Vos très-humbles & obéissants serviteurs,

Signature de V. T. H. S.

Nº. V. *MODÈLE*
de Quittance.

Je soussigné ANTOINE-LOUIS   ancien Officier au Régiment de   Chevalier de l'Ordre Royal & Militaire de Saint Louis, & Colonel d'Infanterie: Reconnois avoir reçu de M
la Somme de
pour le terme échu le premier   mil sept cent   dont quittance

A Paris, ce   mil sept cent

Nº. VI. *MODÈLE*
De Vente ou de Location de Maison.

GRAND-HOTEL
A VENDRE, OU A LOUER
PRÉSENTEMENT.

Cet Hotel, composé de trois Grands Appartemens de Maîtres avec quatre Remises, Écuries pour dix Chevaux, & un grand nombre de logemens de Domestiques, est situé Rue S. Louis au Marais.

S'adresser pour les conditions à M^r.   Notaire, Rue

N°. VII. *MODÈLE*
de Tableau.

État de Droits de Présence.

N^o.	*Messieurs*
1	Antoine.
2	Pierre.
3	Jean.
4	Augustin.

Total.

N°. VIII. *MODÈLES*
de Cartes, de Visites, d'adresses, d'Étiquettes, &c.

M^rle Baron de
pour prendre Congé.

A LOUIS LE BIENFAISANT.
Rue Saint-Honoré.
Les S^{rs}. Antoine & Compagnie,
tiennent Magasin de Bijouterie,
dans le dernier goût, à juste prix.
A PARIS

Essence   Regne
de Girofle.   Minéral.

Nº. IX. *MODÈLE D'AVIS*
de Changement de Domicile.

LE BUREAU ACADÉMIQUE

POUR

La Traduction des Langues,
Le Déchiffrement des anciens Titres,
L'expédition des Écritures &c.

Ci-devant Rue Coquillière,

Est maintenant Rue Notre-Dame des Victoires, vis-à-vis le Mur des Dames Saint-Thomas, même maison que celle de l'Institution des Enfans-Aveugles.

Ce Bureau recommandable par son ancienneté, l'approbation du Ministère, & la confiance dont l'honore le Public, est desservi par des Sujets d'une capacité reconnue & d'un nombre suffisant avec célérité, exactitude, discrétion & économie des intérêts de chaque Commettant.

Nº. X. *MODÈLE*
de Prospectus.

INSTITUTION DES ENFANS-AVEUGLES

Le But principal, de cet Établissement est de fournir aux pauvres Aveugles des ressources contre l'indigence, en leur mettant entre les mains quelqu'occupation, analogue à leur goût & à leurs dispositions, & dont ils puissent tirer leur subsistance. Il offre en outre aux Aveugles fortunés, un amusement & une consolation.

L'Étude des Langues, celle de l'Histoire, de la Géographie, du Calcul-Arithmétique, des Mathématiques même, de la Musique &c. sont les objets auxquels la Lecture & l'Écriture conduisent les Aveugles. Ou les applique avec autant de succès à l'Imprimerie & à la plupart des travaux relatifs aux Métiers tels que la Filature, le Tricot, le Boisseau &c.

Cet Établissement a été soutenu, depuis sa naissance jusqu'à ce jour, par la Société Philantropique, qui joint aux Secours qu'elle donne aux Enfans-Aveugles, tant de ses propres fonds que des libéralités étrangères, ceux qu'ils reçoivent de la générosité des personnes qui viennent visiter leurs travaux.

Les Exercices des Enfans-Aveugles sont publics, en leur Maison d'Institution Rue N. D. des Victoires, N⁰. 18 les Mercredis & Samedis, à Midi précis, ou aux autres jours & heures qu'on veut bien leur indiquer la veille.

Chaque Aveugle a un bandeau sur les yeux.

Les Aveugles, fils de gens fortunés,* peuvent participer à cette éducation, en la payant au seul bénéfice des autres Enfans-Aveugles.

[*]*Une Personne, qui demeure dans un des Corps de logis de la même Maison les prend en Pension.*

OBSERVATION.

Tous ces Modèles sont susceptibles d'augmentation, diminution, changement ou modification quelconque au gré des Commettans.

Il y a encore plusieurs autres espèces d'Ouvrages d'Imprimerie, qui peuvent être exécutées par les Enfans-Aveugles. Il ne s'agit que de leur en écrire la manière, avec une plume de fer, sans encre, & sur un papier fort.

NOTE DU TRANSCRIPTEUR

On a conservé l'orthographe de l'original, incluant ses variantes (par ex. Bibliothèque / bibliotheque / bibliothéque).